Johannes Galli

Die sieben Kellerkinder®

Spiegel der eigenen Kreativität

Galli

Das vollständige Verlagsprogramm des Galli Verlags können Sie im Internet unter www.galliverlag.de nachlesen.

ISBN 978-3-934861-52-7
2. Auflage 2010

Galli Verlag
Adelheidstr. 21
D-65185 Wiesbaden
Tel +49(0)611 / 341 8999
Fax +49(0)322 / 1122 680 128
eMail: verlag@galli.de

Titelfoto: Georg Nemec

Inhalt

Vorwort des Autors.

Nach dem Erfolg des ersten Bandes "Die sieben Kellerkinder® - Die Entdeckung der Kraftquelle", der bereits in der dritten Auflage erschienen ist, lege ich nun den zweiten Band "Die sieben Kellerkinder® - Spiegel der eigenen Kreativität" vor.
Zu meiner großen Freude gehen die sieben Kellerkinder ihren Weg hinaus in die Welt.
In Stuttgart hat ein Therapeut sieben unterschiedliche T-Shirts entworfen, die er seinen Klienten verkauft mit der Empfehlung, das jeweilige T-Shirt dann zu tragen, wenn sie die entsprechende Energie benötigen. In München wird in einem Theater zu jedem Kellerkind, das der Besucher beim Eintritt als Tarotkarte zieht, ein entsprechendes Getränk serviert. In Guadalajara, der zweitgrößten Stadt in Mexiko, hat ein Designer die Rechte erworben, Tischbesteck und -geschirr nach der Energie der sieben Kellerkinder zu gestalten. In Vancouver, Kanada, wird ein Film über die sieben Kellerkinder gedreht. Nicht zu vergessen ist das europaweit aufgeführte Theaterstück, in dem Michael Wenk in die Rollen der sieben Kellerkinder schlüpft und seinen wachsenden Erfolg in der Interaktion mit dem Publikum genießt.
Am wichtigsten ist allerdings aus meinem Blickwinkel, daß sich die Kellerkinderaufstellung immer weiter ausbreitet. Aus diesem Grunde habe ich in diesem zweiten Band der Kellerkinderaufstellung einen zentralen Platz eingeräumt.
Aus tiefstem Herzen wünsche ich, daß die Entdeckung der sieben Kellerkinder, vor allem aber ihre Erziehung, fortschreitet, damit sie ihre unerschöpfliche Kreativität dann preisgeben, wenn sie sollen.

Sieben Kellerkinder®
Tarot

Vorwort zum Sieben Kellerkinder® Tarot.

Mit dem Typenmodell der "Sieben Kellerkinder®" habe ich eine Methode entwickelt, die es ermöglicht, genau das zu erfassen, beschreibbar und begreifbar zu machen, wer oder was das ist, das einen immer wieder überrumpelt, wenn man sich nicht überrumpeln lassen will, und wer oder was dafür verantwortlich ist, daß man immer woanders hinkommt, als dahin, wo man hin wollte.

Das Sieben Kellerkinder® Tarot ermöglicht es in drei verschiedenen Spielen, die in dieser Spielanleitung beschrieben sind, seinen eigenen Kellerkindern auf die Spur zu kommen. Sieben Spielkarten stellen jeweils eines der sieben Kellerkinder dar, die achte Karte zeigt ihre Anordnung im Enneagramm, sowie im Original die farbliche Zuordnung der sieben Kellerkinder.

Das Sieben Kellerkinder® Tarot ermöglicht es in drei verschiedenen Spielen, die in dieser Spielanleitung beschrieben sind, seinen eigenen Kellerkindern auf die Spur zu kommen

Ich wünsche allen Spielenden, daß sie ihren Kellerkindern näher kommen und erfahren, wie einfach die Kellerkinder zu erlösen sind und wie viel Lebensfreude bei diesem lustvollen Prozeß erzeugt wird.

Die sieben Kellerkinder® - Eine kurze Einführung und eine erste Begegnung.

Jeder Mensch verfügt über Energie, die in sieben bestimmten Formen gebündelt ist. Diese verschiedenen Formen kann man als sieben Kinder beschreiben

Der Alltagsmensch, will er einen souveränen und selbständigen Eindruck erwecken, ist gezwungen, seine wilden und unerzogenen Kinder in seinen Keller zu sperren

Bei der Entwicklung des Typenmodells der "Sieben Kellerkinder®" war es mir wichtig, Begriffe zu finden, die sowohl unsere dunklen Seiten, als auch unsere kreativen Seiten erfassen. Wichtig war mir, daß das Typenmodell schnell begriffen werden kann. Es sollte kinderleicht sein.

Jeder Mensch verfügt über Energie, die in sieben bestimmten Formen gebündelt ist. Diese verschiedenen Formen kann man als sieben Kinder beschreiben. Jedes dieser Kinder ist unterschiedlich und für eine ganz bestimmte Lebensaufgabe ausgerüstet. Aber diese Kinder sind von Natur aus wild und verfügen über eine geradezu magische Kraft. Aus diesem Grunde sind sie nicht so einfach zu erziehen. Da immer weniger Menschen mit diesen Kindern umgehen können, verwildern sie immer mehr und bleiben in ihrer ungestümen Lebensfreude unerzogen.

Der Alltagsmensch, will er einen souveränen und selbständigen Eindruck erwecken, ist gezwungen, seine wilden und unerzogenen Kinder in seinen Keller zu sperren. Dort, hinter fest verschlossener Tür, können sie ihn nicht ohne weiteres belästigen, und der Mensch glaubt, er habe sie los. So vergißt er sie, und die sieben Kinder verwahrlosen und wandeln sich in die sieben Kellerkinder.

Was der eben erwähnte Alltagsmensch allerdings nicht bedachte: Seine sieben Kellerkinder verfügen über seine gesamte Lebensfreude und auch über all seine Spontaneität und Kreativität, die er nun allesamt mit in den Keller gesperrt hat.

Es führt kein Weg daran vorbei: Will der Mensch seine Vitalität zurückgewinnen, so muß er seine sieben Kellerkinder wieder aus dem Keller hervorholen, sich mit ihnen konfrontieren und ihnen Raum zum Wachstum geben, damit er wieder lebensfroh, spontan und kreativ werden kann.

Mit einiger Übung im Umgang mit seinen sieben Kellerkindern wird der Mensch seinen Blick zum einen für sich selbst und zum anderen für die Mitmenschen schärfen. So kommt er den sieben Kellerkindern auf die Schliche. Immer deutlicher wird er erkennen können, wie geschickt sich die Kellerkinder in das Tagesgeschehen einmischen, und es nach und nach sogar bestimmen. Niemand kann allzu lange seine Kellerkindertür zuhalten, und jede Erlahmung nutzen die sieben Kellerkinder geschickt, um immer wieder hervorzuhuschen und ihre Spiele zu beginnen...

Mit einiger Übung im Umgang mit seinen sieben Kellerkindern wird der Mensch seinen Blick einmal für sich selbst und zum anderen für die Mitmenschen schärfen

Gerade die erste Begegnung mit den sieben Kellerkindern ist von hoher Intensität, da sie noch die "staunende Unschuld" in sich birgt.

Gerade die erste Begegnung mit den sieben Kellerkindern ist von hoher Intensität, da sie noch die "staunende Unschuld" in sich birgt

In dieser Spielanleitung sollen vor allem die heiteren und lustvollen Momente überwiegen. Wer sich für die schwierige Arbeit, die Kellerkinder geduldig und liebevoll zu erziehen, interessiert, der sei auf konkretes Übungsmaterial verwiesen, das ebenfalls im Galli Verlag erschienen ist (siehe Seite 101).

Wer sich den sieben Kellerkindern tanzend nähern möchte, dem sei die Tanzmeditation "Sieben Kellerkinder" mit der entsprechenden ausführlichen Übungsanleitung empfohlen.

Wer die Hintergründe der Entwicklung der Methode "Die sieben Kellerkinder®" nachvollziehen möchte, dem sei das Buch "Die sieben Kellerkinder® - Erster Band: Die Entdeckung der Kraftquelle" ans Herz gelegt.

Es folgen jetzt die sieben Tarotkarten mit dem Foto des jeweiligen Kellerkindes. Lassen Sie diese Fotos einfach entspannt auf sich wirken. So kann eine erste intuitive Bekanntschaft geschlossen werden.

Wenn Sie sich noch einmal die Beschreibung der Charaktereigenschaften eines jeden Kellerkindes ins Bewußtsein rufen möchten, so lesen Sie bitte im ersten Band "Die sieben Kellerkinder® - Die Entdeckung der Kraftquelle" oder in GAME - Die Galli Methode®, Kapitel 2.6.3 Erste Begegnung, nach.

Nach dieser intensiven Bekanntschaft sind die Spielerin und der Spieler vorbereitet, das erkenntnisträchtige Spiel mit den sieben Kellerkindern zu beginnen

Nach dieser intensiven Bekanntschaft sind die Spielerin und der Spieler vorbereitet, das erkenntnisträchtige Spiel mit den sieben Kellerkindern zu beginnen.

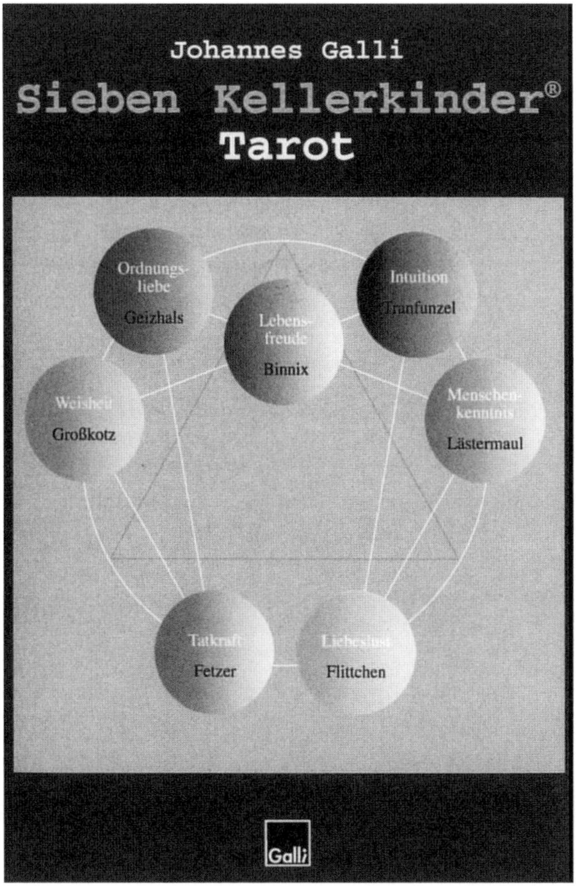
Johannes Galli
Sieben Kellerkinder®
Tarot
Ordnungs-liebe
Geizhals
Lebens-freude
Binnix
Intuition
Tranfunzel
Weisheit
Großkotz
Menschen-kenntnis
Lästermaul
Tatkraft
Fetzer
Liebeslust
Flittchen

Am 22. Oktober 2000 fand im Galli Theater Freiburg, Deutschland, ein Foto Shooting statt. Johannes Galli lockte durch provozierende Bemerkungen die Kellerkinder der verschiedenen Mitglieder seines Schauspielensembles hervor. Der Fotograf Jan Julius Galli nutzte die Gunst des Moments. Die Entscheidung, daß die Spielerinnen und Spieler ungeschminkt fotografiert wurden, beruhte auf dem Wunsch, daß die puren Bilder auf die Betrachterin und den Betrachter eine leichte, anregende Schockwirkung haben sollten, um so spontan eine Begegnung mit dem eigenen Kellerkind zu ermöglichen.

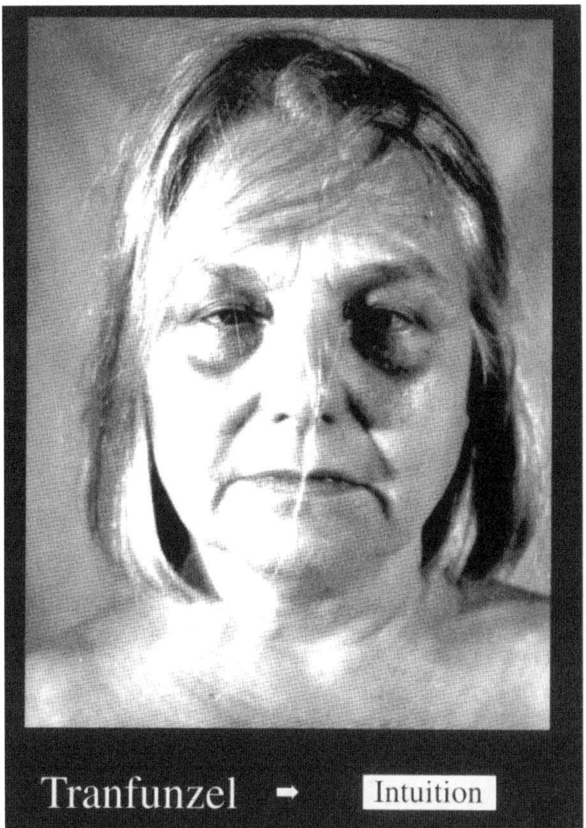
Tranfunzel ➡ Intuition

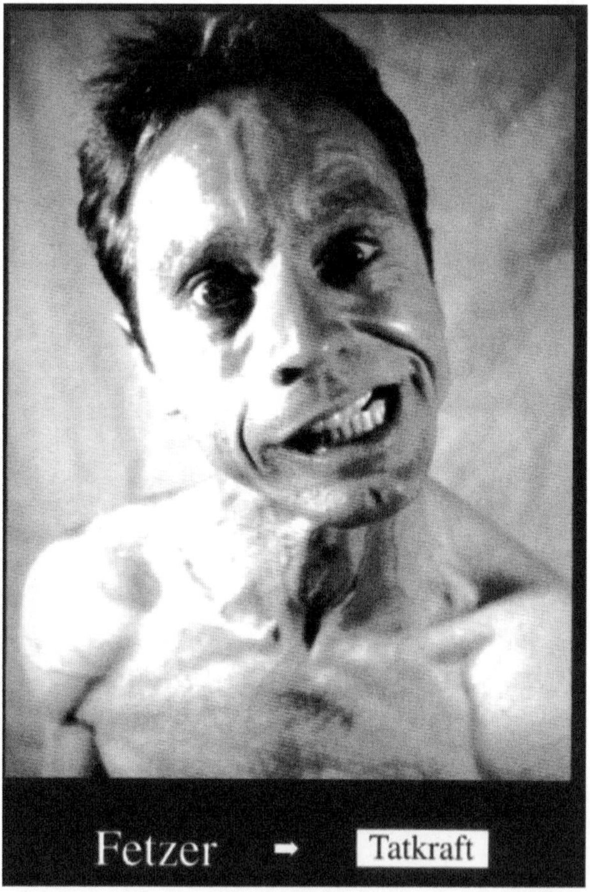

Fetzer ➡ Tatkraft

Lästermaul ➡ Menschenkenntnis

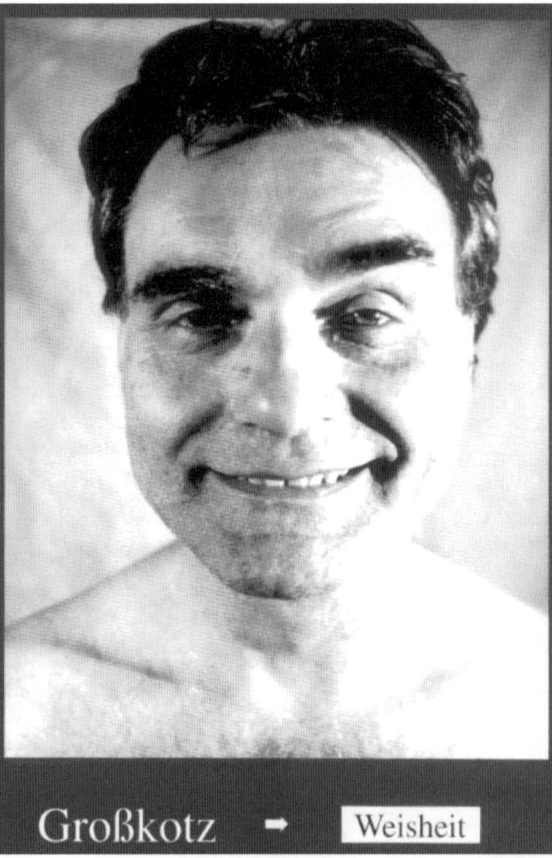

Großkotz ➡ Weisheit

Flittchen ➡ Liebeslust

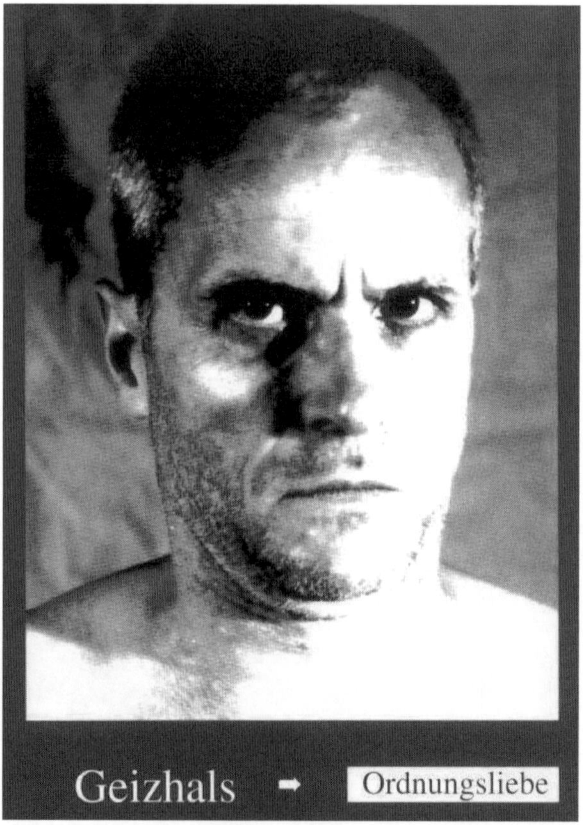
Geizhals ➡ Ordnungsliebe

Binnix ➡ Lebensfreude

Das Sieben Kellerkinder® Tarot.

Nachdem nun die Spielerin und der Spieler mit den sieben Kellerkindern Bekanntschaft geschlossen haben, sind sie für das Spiel genügend vorbereitet. Nun noch ein Wort zum Ambiente, das intuitive Prozesse unterstützen kann.

Das Sieben Kellerkinder® Tarot kann überall dort durchgeführt werden, wo sich der Spieler oder die Spielerin wohl fühlt und ungestört ist, denn das ist die beste Voraussetzung für das Spiel

Das Sieben Kellerkinder® Tarot kann überall dort durchgeführt werden, wo sich der Spieler oder die Spielerin wohl fühlt und ungestört ist, denn das ist die beste Voraussetzung für das Spiel. Dazu eignet sich natürlich sehr gut der eigene, vertraute Raum oder, wenn das Sieben Kellerkinder® Tarot als Gesellschaftsspiel oder im Rahmen von Workshops durchgeführt wird, große, schöne Räume, die die Voraussetzung für eine angenehme Atmosphäre schaffen.

Doch zurück zur Vorbereitung auf das Sieben Kellerkinder® Tarot. Ein schönes Seidentuch, auf dem die Karten mit dem Foto nach unten ausgebreitet werden, eine Bienenwachskerze, die entzündet wird und sanfte Meditationsmusik im Hintergrund schaffen eine entspannte Atmosphäre, in der die Intuition optimal angeregt wird.

Das Spiel kann auf dem Boden oder an einem Tisch sitzend durchgeführt werden. Falls noch andere Personen anwesend sind, so sitzen diese im Halbkreis dem Spielenden gegenüber.

Nun geht es darum, daß die Spielerin oder der Spieler sich ganz auf die Frage, die sie oder er an die sieben Kellerkinder hat, konzentriert

Nun geht es darum, daß die Spielerin oder der Spieler sich ganz auf die Frage, die sie oder er an die sieben Kellerkinder hat, konzentriert. Je klarer die Frage gestellt wird, umso kreativer kann die Antwort ausfallen.

Bei diesem wichtigen Prozeß, die Frage auf den Punkt zu bringen, können entweder Freunde helfen, oder aber es können durch hohe Konzentration und mutige Konfrontation mit sich selbst manipulative Elemente, die sich oft in Lebensfragen einschleichen, ausgemerzt werden. Ist die Frage klar formuliert, kann das Spiel beginnen. Die Spielerin oder der Spieler mischt die Karten gut und breitet sie mit der Bildfläche nach unten vor sich aus.

Ist die Frage klar formuliert, kann das Spiel beginnen

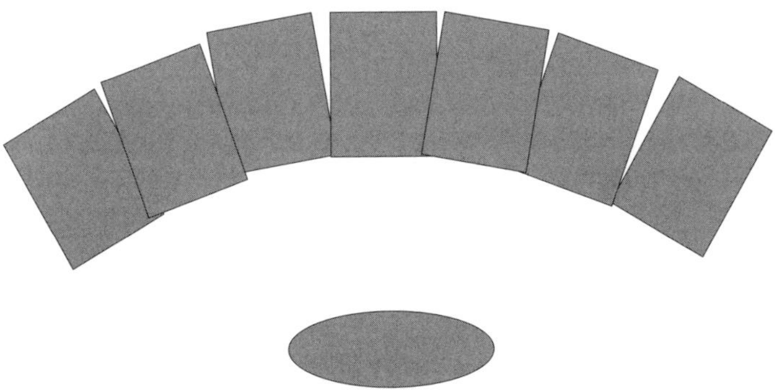

Spielerin oder Spieler

Die Anordnung der Sieben Kellerkinder® Tarot Karten zu Beginn der Sieben Kellerkinder® Tarotsitzung

Ein Hinweis: Sollte die Karte des Kellerkindes "Binnix - Lebensfreude", die ein Clownfoto zeigt, gezogen werden, ist es günstig, sich mit der Figur des Clowns ausführlich auseinanderzusetzen. Hierfür gibt es im Galli Verlag entsprechendes Übungsmaterial (ab Seite 101).

Im Folgenden werden die drei Schritte:
Vom Kellerkind zum Wunderkind vorgestellt.

Erster Schritt: Die Konflikterfassung

Die Spielerin oder der Spieler konzentriert sich noch einmal ganz auf den momentanen Konflikt, für den sie oder er eine Lösung sucht. Sodann wird die Frage, die man an die sieben Kellerkinder hat, formuliert. Dabei spricht man entweder laut oder man formuliert die Frage im Inneren sehr intensiv.

Die Frage kann zum Beispiel heißen:
Welches Kellerkind muß ich überwinden, um bei einem konkreten Projekt den erwünschten Erfolg zu haben?
Oder: Ich bin gerade in einem wichtigen Beziehungsprozeß. Welches Kellerkind behindert ein weiteres Zusammenwachsen mit meinem Partner?
Oder: Ich fühle mich krank. Welches Kellerkind in mir beeinträchtigt gerade das harmonische Zusammenspiel meiner Kräfte?

Die Fragen können viele Bereiche des Lebens erfassen. Wichtig ist, daß nach dem Kellerkind oder den Kellerkindern gefragt wird, die eine günstige Entwicklung behindern

Diese Fragen können viele Bereiche des Lebens erfassen. Wichtig ist, daß nach dem Kellerkind oder den Kellerkindern gefragt wird, die eine günstige Entwicklung behindern.

Zweiter Schritt: Das Gespür der linken Hand

Nachdem die Frage konkret formuliert worden ist, achtet die Spielerin oder der Spieler nun darauf, daß sie oder er aufrecht sitzt, so daß der Atem gut fließen kann, und noch einmal wird die Frage innerlich formuliert, die man an seine sieben Kellerkinder stellen möchte.
Sodann führt man die linke Hand, die vom Herzen kommt und daher der intuitiven Seite des Menschen zugeordnet ist, mit der Handfläche nach un-

ten über die aufgefächerten Karten. Die Finger sind gestreckt, aber dennoch entspannt. Man läßt sich jetzt ganz von seiner Hand führen. Dort, wo man ein leichtes Zucken in der Hand spürt, ein Vibrieren in den Fingerspitzen oder was auch immer, senkt man die Hand nach unten und ergreift die Karte. Diese dreht man sogleich um und betrachtet entspannt das Kellerkind, das einem entgegenblickt. Die Spielerin oder der Spieler sollte in diesem Moment für die Karte ganz offen sein und die Bilder, die sie in ihm oder ihr erweckt, aufmerksam wahrnehmen.

Dort, wo man ein leichtes Zucken in der Hand spürt, ein Vibrieren in den Fingerspitzen oder was auch immer, senkt man die Hand nach unten und ergreift die Karte

Dritter Schritt: Die Lösung

Diese dritte Phase ist sehr wichtig, damit die Spielerin oder der Spieler das Ergebnis ihrer Sieben Kellerkinder® Tarot Sitzung in den Alltag integrieren kann. Dazu muß sie oder er das Kellerkind, das gezogen wurde, bewußt annehmen.

Dies kann folgendermaßen geschehen: Sie oder er tanzt nun das entsprechende Kellerkind beziehungsweise die Clowntypen. Hierzu ist es günstig, die in dem Buch "Tanzmeditationen - Die sieben Kellerkinder® • Clown" vorgeschlagene Übung zuerst durchzulesen und dann aufmerksam mit Hilfe der entsprechenden CD Tanzmeditation "Die sieben Kellerkinder®" oder "Clown" durchzuführen (Seite 101).

Um das Kellerkind, das gezogen wurde, bewußt anzunehmen, tanzt sie oder er nun das entsprechende Kellerkind bzw. den Clowntypen

Am Ende dieser Übung empfiehlt es sich, mit einem Wandelspruch dem Kellerkind die Erlösung zu ermöglichen. Zuerst nimmt sie oder er einen tiefen Atemzug und spricht anschließend den Wandelspruch laut und voller Inbrunst. Selbstverständlich ist es günstig, diesen Spruch die kommenden Tage immer wieder zu wiederholen, damit er seine befreiende Wirkung entfalten kann.

Am Ende dieser Übung empfiehlt es sich, mit einem Wandelspruch dem Kellerkind die Erlösung zu ermöglichen

Die sieben Wandelsprüche lauten:

Die sieben Wandelsprüche

- Es möge mir gelingen, meine Tranfunzel zu befreien, zu erziehen und in pure Intuition zu verwandeln.
- Es möge mir gelingen, meinen Fetzer zu befreien, zu erziehen und in pure Tatkraft zu verwandeln.
- Es möge mir gelingen, mein Lästermaul zu befreien, zu erziehen und in pure Menschenkenntnis zu verwandeln.
- Es möge mir gelingen, meinen Großkotz zu befreien, zu erziehen und in pure Weisheit zu verwandeln.
- Es möge mir gelingen, mein Flittchen zu befreien, zu erziehen und in pure Liebeslust zu verwandeln.
- Es möge mir gelingen, meinen Geizhals zu befreien, zu erziehen und in pure Ordnungsliebe zu verwandeln.
- Es möge mir gelingen, meinen Binnix zu befreien, zu erziehen und in pure Lebensfreude zu verwandeln.

Das Sieben Kellerkinder® Gesellschaftsspiel.

Kommunikative Zusammenkünfte, sprich gesellschaftliche Veranstaltungen, sind eine ausgesprochen günstige Gelegenheit, das Sieben Kellerkinder® Gesellschaftsspiel anzubieten, denn es bringt wirkliche Freude.

Das Spiel ist je nach Spieleranzahl und Raumbeschaffenheit in verschiedenen Varianten durchführbar, eines aber bleibt in allen Variationen immer gleich: Eine Person wird als Moderator bestimmt, die übrigen sind die Spieler des Abends. Entweder liegen die Karten des Sieben Kellerkinder® Tarots auf einem Tisch oder eine Person wird als "Träger der Wahrheit" bestimmt. Diese trägt die Karten aufgefächert in einer Hand und jeder Mitspieler darf sich intuitiv eine Karte ziehen, die ihn bis zur Sieben Kellerkinder® Aufführung an diesem Abend begleiten wird.

Eine Person wird als Moderator bestimmt, die übrigen sind die Spieler des Abends

Selbstverständlich muß die Anzahl der Karten der Anzahl der anwesenden, spielbereiten Gäste entsprechen oder diese überbieten. Man braucht also mehrere Kartensets.

Nun beginnt der eigentliche spielerische und spannend entspannende Teil des Abends, der eine enorme Kreativität freisetzt und der ausgesprochen aufmunternd vom Moderator geleitet wird: Jeder tanzt das Kellerkind, das er als Karte gezogen hat, öffentlich auf der Bühne. Um das an einem Beispiel zu veranschaulichen:

Jeder tanzt das Kellerkind, das er als Karte gezogen hat, öffentlich auf der Bühne

Zuerst bittet der Moderator alle "Tranfunzeln" auf die Bühne (oder Tanzfläche oder einen anderen Ort, der für das kommende Spiel bestimmt wird). Die Musik der CD Tanzmeditation "Die sieben

Kellerkinder®" (siehe Seite 103) wird eingespielt, und alle Tranfunzeln beginnen, den Rhythmus aufzunehmen und sich spontan zur Musik zu bewegen und so ihrem Kellerkind Tranfunzel Raum zu gewähren. Für die Zuschauer ergibt sich ein faszinierendes Schauspiel: Hat doch jeder ein Bild seiner eigenen Tranfunzel im Kopf, so wird ihm hier die Vielfalt der Darstellungsmöglichkeiten verdeutlicht.

Nicht nur das Spiel ist voller Freude und Spaß, sondern auch das Zuschauen ist erheiternd

Nicht nur das Spiel ist voller Freude und Spaß, sondern auch das Zuschauen ist erheiternd, da man sich auf die gespielten Bilder der Tänzerinnen und Tänzer einläßt und die Darstellung der sieben Kellerkinder als Anregung des eigenen kreativen Potentials genießt.

Sobald das Lied beendet ist, werden die Spieler von den Zuschauern mit Applaus belohnt und verlassen die Bühne.

Nun werden vom Moderator alle "Fetzer" auf die Bühne gebeten, und das Spiel beginnt von neuem, wenn das Musikstück "Fetzer" eingespielt wird. So haben alle Teilnehmer im Raum die Gelegenheit, nach und nach einmal die Bühne zu betreten, um das Kellerkind, das sie zu Beginn des Festes intuitiv als Karte gezogen haben, zu spielen.

Es ist auch möglich, die Spielerinnen und Spieler nur die Hälfte des Liedes tanzen zu lassen, und in der anschließenden Musikpause stellen sie das entsprechende Kellerkind mit Worten in kleinen, spontan improvisierten Spielszenen dar

In diesem Spiel sind natürlich verschiedene Variationen möglich. So ist es zum Beispiel möglich, die Spielerinnen und Spieler nur die Hälfte des Liedes tanzen zu lassen, und in der anschließenden Musikpause stellen sie das entsprechende Kellerkind mit Worten in kleinen, spontan improvisierten Spielszenen dar. Wenn nötig, muntert sie der Moderator immer wieder auf. Er legt auch das Ende dieses Spiels dadurch fest, daß er wieder den Einsatz der Musik bestimmt, und so klingt das Spiel aus und endet. Dies hat den Vorteil, daß

sich das entsprechende Kellerkind auch im sprachlichen Rahmen austoben kann. So werden alle sieben Kellerkinder tanzend dargestellt.
Beim Tanz des Kellerkindes Binnix sind als Variationen Lieder der CD Tanzmeditation "Clown" empfehlenswert, um den lustigen Aspekt dieses Kellerkindes zu unterstreichen. Deshalb sollte der Moderator auch immer genügend Clownnasen zur Hand haben.
Eines ist sicher: Jede Gruppe Kellerkinder oder Clowns erhält nach ihrer Darstellung auf der Bühne einen enormen Applaus. Dieser Applaus ist wichtig, denn er beweist: Wer sein Kellerkind herzeigt, erhält Kraft, Bewunderung und Freude. Wer es scheu, schüchtern und angstvoll verbirgt, erhält nichts!
Dies wird die Hauptaufgabe des Moderators sein, daß er die Schüchternen, Scheuen und Angstvollen ermutigt, daß sie sich und eines ihrer sieben Kellerkinder herzeigen. Wer die Kraft entwickelt hat, sich zu seinem Kellerkind zu bekennen, ist positiv auf dem Weg.

Wer sein Kellerkind herzeigt, erhält Kraft, Bewunderung und Freude. Wer es scheu, schüchtern und angstvoll verbirgt, erhält nichts!

Die Sieben Kellerkinder® Tarotaufstellung.

Die Spielerin oder der Spieler legt die sieben Karten wieder mit der Bildfläche nach unten vor sich aus und legt sie nun im Enneagramm angeordnet, immer noch mit der Bildfläche nach unten, vor sich hin

Im folgenden Spiel können die Spielerin oder der Spieler sich einen Überblick über den eigenen "Keller" verschaffen, ohne die sieben Kellerkinder gleich spielen zu müssen.

Welche Energien sind am richtigen Ort, welche an einem falschen Ort und behindern eine effektive Kraftentfaltung?

Hierzu breitet die Spielerin oder der Spieler die sieben Karten wieder mit der Bildfläche nach unten vor sich aus und legt sie nun im Enneagramm angeordnet, immer noch mit der Bildfläche nach unten, vor sich hin (siehe Skizze nächste Seite). Die Karte mit der Abbildung des Enneagramms wird zur Orientierung mit dem Foto nach oben daneben gelegt. Nach einer Weile dreht sie oder er die Karten um und betrachtet die Anordnung der sieben Kellerkinder. Aufmerksam studiert sie oder er die Abweichungen von der eigentlichen Zuordnung der sieben Kellerkinder im ursprünglichen Enneagramm.

Da kann es zum Beispiel passieren, daß Großkotz an der Stelle des Binnix liegt oder Geizhals auf dem Platz von Fetzer. Manchmal stimmen die Karten auch mit der originalen Position des Kellerkindes im Enneagramm überein. Die Spielerin oder der Spieler betrachtet also, wo ihre oder seine sieben Kellerkinder auf der "falschen" und wo sie auf der "richtigen" Stelle liegen.

Die korrekte Anordnung der sieben Kellerkinder im Enneagramm.

In diesem Spiel geht es also darum, die Differenzen zu erspüren und eventuelle Rückschlüsse zuzulassen.

Die Sieben Kellerkinder® Tarotaufstellung ist eine ausgesprochen spannende und effiziente Möglichkeit, das Absinken der eigenen Lebensenergie zu verstehen und wieder ansteigen zu lassen. Hier wird klar, daß und wie die sieben Kellerkinder außer Kontrolle geraten sind.

Die Sieben Kellerkinder® Tarotaufstellung ist eine ausgesprochen spannende und effiziente Möglichkeit, das Absinken der eigenen Lebensenergie zu verstehen und wieder ansteigen zu lassen

Natürlich kann diese intuitive Form der Kellerkinderaufstellung einer Aufstellung mit sieben Spielerinnen und Spielern nur den Weg bahnen. Ersetzen kann sie sie nicht.

Mehr über die Kellerkinderaufstellung können Sie ab Seite 41 dieses Buches lesen oder seien Sie mutig und besuchen Sie einen Workshop oder eine Ausbildung, wo Sie im freien Spiel gemeinsam mit anderen sich spielerisch den eigenen sieben Kellerkindern annähern.

Erste Fotoserie.

Die folgende Fotoserie stammt aus dem Jahre 1995. Sie wurde aus Anlaß des Besuchs einer amerikanischen Journalistin durchgeführt, die einen Artikel und eine Fotostudie über die sieben Kellerkinder vorbereitete zur Veröffentlichung in einem amerikanischen Magazin. Die Fotos zeigen Mitglieder des Galli Theaters.
Fotografin: Sabine Schnell

Tranfunzel

Foto: Sabine Schnell

Fetzer

Foto: Sabine Schnell

Lästermaul

Foto: Sabine Schnell

Großkotz

Foto: Sabine Schnell

Flittchen

Foto: Sabine Schnell

Foto: Sabine Schnell

Geizhals

Binnix

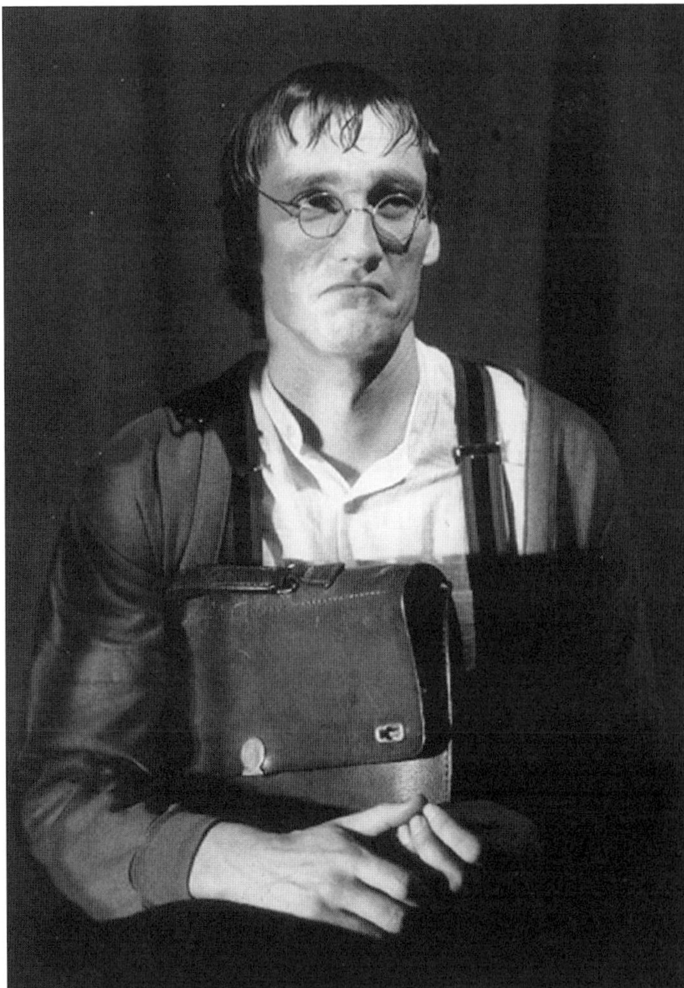

Foto: Sabine Schnell

Die Kellerkinderaufstellung

Einleitung.

Nachdem die sieben Kellerkinder entdeckt und beschrieben waren, stellte ich mir die Frage, wie diese Erkenntnis zu einem umfassenden Integrationsprozeß genutzt werden könnte. So entwickelte ich schon kurz nach der spielerischen Entdeckung der sieben Kellerkinder die Kellerkinderaufstellung.

Die Kellerkinderaufstellung ist im wesentlichen die Konfrontation eines Spielers mit sieben anderen Spielern, die in einer festen Ordnung auf der Bühne stehen und die Energie der sieben Kellerkinder darstellen. Jener Teilnehmer der Gruppe, der sich mit "seinen" Kellerkindern konfrontieren will, hat zuvor seinen Konflikt, den er lösen will, formuliert und betritt nun die Bühne, um spielerisch die Lösung in der Auseinandersetzung mit den sieben Kellerkindern herauszufinden. Die Idee ist so einfach, ihre Durchführung so simpel, und gerade deshalb ist der Effekt enorm. Das Spiel mit den Schattenseiten eines Menschen, eben den sieben Kellerkindern, setzt die Kräfte frei, die dort gebunden sind, und weist den Weg in die richtige Richtung.

Die Kellerkinderaufstellung ist die Konfrontation eines Spielers mit sieben anderen Spielern, die in einer festen Ordnung auf der Bühne stehen und die Energie der sieben Kellerkinder darstellen

Das Spiel mit den Schattenseiten eines Menschen, eben den sieben Kellerkindern, setzt die Kräfte frei, die dort gebunden sind, und weist den Weg in die richtige Richtung

Seit jenen Anfängen hat sich das Kellerkinderaufstellen enorm verbreitet und ist fester Bestandteil der Galli Methode (siehe Galli Script "Die Galli Methode® als Konfliktlösung").

Im folgenden Kapitel wird die Durchführung einer Kellerkinderaufstellung beschrieben.

Im nächsten Kapitel folgt ein Fallbeispiel einer Kellerkinderaufstellung, die ich im Rahmen meiner internationalen Arbeit in Mexico City durchgeführt habe, und die anschaulich zeigt, wie effektiv die Kellerkinderaufstellung gerade in der

Überwindung von Süchten ist. In GAME - Die Galli Methode®, Kapitel 3.2 Die Galli Methode® als Konfliktlösung, und im Galli Script "Die Galli Methode® als Konfliktlösung" sind weitere Fallbeispiele veröffentlicht, die verschiedene Kellerkinderaufstellungen beschreiben, die ich weltweit durchgeführt habe. Auf diese Weise lassen sich Erfahrungen effektiv auswerten und in den eigenen Erfahrungsschatz einarbeiten.

Die Kellerkinderaufstellung eignet sich besonders, um tief in die Charakterstruktur eines Menschen, sofern er dazu bereit ist, einzugreifen

Die Kellerkinderaufstellung eignet sich besonders, um tief in die Charakterstruktur eines Menschen, sofern er dazu bereit ist, einzugreifen. Die Kellerkinderaufstellung ist geeignet, um eine ganze Reihe von Problemen zu erfassen und ihrer Lösung zuzuführen. Sie eignet sich vor allem für jene Menschen, die ihre großen und kleinen Süchte überwinden wollen und die dumme Angewohnheiten und vor allem auch krank machende Angewohnheiten dauerhaft loswerden wollen.

Die Kellerkinderaufstellung bringt an den Tag, welche Kellerkinder dauerhaft verdrängt wurden

Die Kellerkinderaufstellung bringt an den Tag, welche Kellerkinder dauerhaft verdrängt wurden. So ist der Heilprozeß klar beschrieben: Wenn es gelingt, das bislang verdrängte Kellerkind ins Bewußtsein zu integrieren, das heißt, sich bewußt zu werden, daß es existiert und daß es eine bestimmte Lebensenergie verwaltet, die für die Erzeugung von Lebensfreude notwendig ist, dann muß es nur noch erzogen werden. Dann ist die krankmachende Sucht oder die schlechte Angewohnheit für immer verschwunden und das Resultat ist ein enormer Kraftzuwachs.

Nachdem im Folgenden die Durchführung einer Kellerkinderaufstellung beschrieben wird, folgen im Übungsteil Fragen zur Vertiefung der eigenen Erfahrungen.

Die Kellerkinderaufstellung.

Eine Kellerkinderaufstellung beginnt damit, daß in einer Gruppe mit mindestens acht Teilnehmern die Teilnehmer Raum bekommen, ihre persönlichen Probleme zu beschreiben. Ein Teilnehmer meldet sich also und erläutert sein Problem. Dieses Problem wird so lange besprochen, bis es so klar ist, daß gemeinsam mit allen Teilnehmern eine konkrete Frage an die sieben Kellerkinder formuliert werden kann. Diese Frage muß so gestellt werden, daß die Kellerkinder unmittelbar reagieren können. Zum Beispiel: Welches Kellerkind hindert mich daran, erfolgreich zu sein? Oder: Welches Kellerkind ist für meine Nikotinsucht verantwortlich? Oder: Welches Kellerkind bedroht die Stabilität meiner Ehe?

Ein Teilnehmer erläutert sein Problem. Dieses Problem wird so lange besprochen, bis es so klar ist, daß gemeinsam mit allen Teilnehmern eine konkrete Frage an die sieben Kellerkinder formuliert werden kann

Wenn die Formulierung der Frage entwickelt worden ist, dann wird der Teilnehmer auf die Bühne gebeten und bestimmt die Spieler, die seine sieben Kellerkinder darstellen sollen. Ohne lange zu überlegen, sucht er sich seine sieben Kellerkinder aus dem Teilnehmerkreis aus. Es ist aber auch möglich, daß der Trainer die sieben Kellerkinder auswählt oder daß ein Teilnehmer sich selbst anbietet, ein Kellerkind zu spielen. Die Stimmigkeit der Situation gebietet die Möglichkeit der Auswahl. Natürlich ist auch eine Kombination der verschiedenen Auswahlmöglichkeiten möglich. Ausführliches zu diesem heiklen Punkt findet sich im Galli Script "Die Galli Methode® als Konfliktlösung".

Der Teilnehmer wird auf die Bühne gebeten und bestimmt die Spieler, die seine sieben Kellerkinder darstellen sollen

Der Trainer weist jedem der sieben Kellerkinder Spieler seinen Platz auf der Bühne zu, analog zu den Kellerkinderpositionen auf dem Kellerkinderenneagramm (siehe Skizze auf der nachfolgenden Seite).

Kellerkinderaufstellung

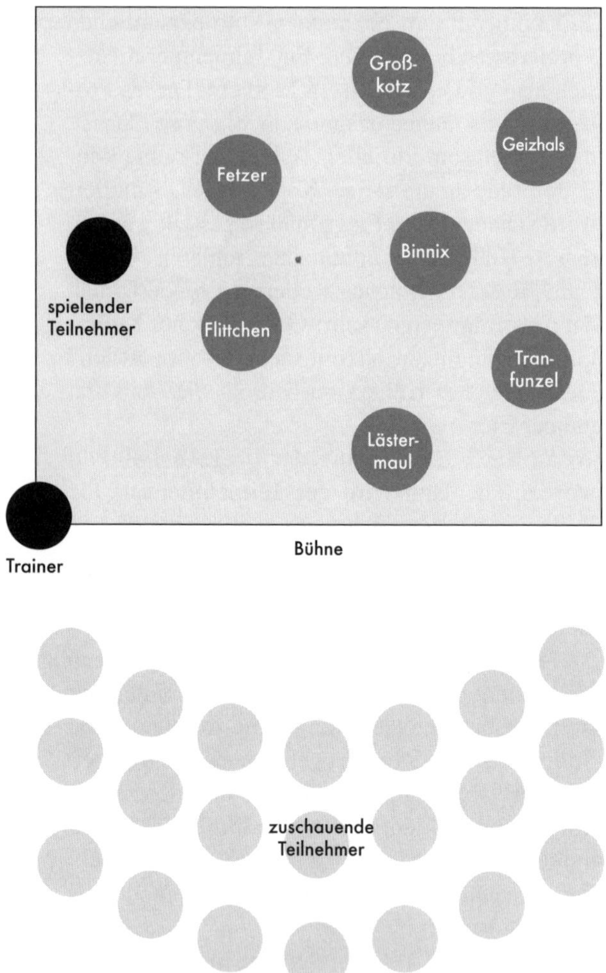

Nacheinander erscheinen nun Flittchen, Fetzer, Lästermaul, Großkotz, Tranfunzel, Geizhals und Binnix auf ihren Plätzen. Die Spieler werden aufgefordert, sich in die jeweilige Kellerkinderenergie zu begeben, indem sie eine für das entsprechende Kellerkind typische Bewegung durchführen. Wenn das Ganze noch mit einem Atemgeräusch, Ton oder Schrei verbunden wird, ist die typische Energie des betreffenden Kellerkindes manifestiert. Um den Keller richtig in Stimmung zu bringen, kann es empfehlenswert sein, noch einmal kurz die sieben Kellerkindermelodien der CD Tanzmeditation "Die sieben Kellerkinder®" einzuspielen.

Die Spieler werden aufgefordert, sich in die jeweilige Kellerkinderenergie zu begeben, indem sie eine für das entsprechende Kellerkind typische Bewegung durchführen

Es wird jedem klar sein, daß beispielsweise in einem typischen Wochenendworkshop die Kellerkinderaufstellung erst gegen Ende sinnvoll durchgeführt werden kann, denn selbstverständlich sollten die Teilnehmer nicht nur mit den sieben Kellerkindern bekannt gemacht worden sein, sondern sie sollten auch schon Freundschaft mit ihnen geschlossen haben. Es ist leicht nachvollziehbar, wie kraftvoll eine Kellerkinderaufstellung ist, wenn sieben erfahrene Spieler auf der Bühne stehen, die den fragenden Teilnehmer stark mit sich selbst konfrontieren.

Die Kellerkinder stehen also nach dem Modell des Enneagramms auf der Bühne. Der Teilnehmer, der seinen Keller befragt, steht zu Beginn der Aufstellung links auf der Bühne vor seinem Keller. Die Kellerkinder stehen ihm zugewandt im Profil zu den zuschauenden Teilnehmern.

Die Kellerkinder stehen also nach dem Modell des Enneagramms auf der Bühne

Nun stellt der Teilnehmer an die Spieler seiner Kellerkinder die Frage, die ihn bewegt. Folgend macht er das, was ihm seine Intuition gebietet. Bleibt der Teilnehmer außerhalb des lebendigen

Kellerkinderenneagramms und sucht nur verbalen Kontakt oder geht er hinein in den Kreis der Spieler, dies bleibt wie gesagt ihm überlassen. Wichtig ist, daß er zu jedem Kellerkind intensiven Kontakt aufnimmt, um herauszufinden, welches dieser sieben Kellerkinder ganz konkret für sein Problem verantwortlich ist.

Wichtig ist, daß er zu jedem Kellerkind intensiven Kontakt aufnimmt, um herauszufinden, welches dieser sieben Kellerkinder ganz konkret für sein Problem verantwortlich ist

Nachdem nun der Teilnehmer eine Weile lang mit seinen Kellerkindern gesprochen oder eine Interaktion durchgeführt hat, wie zum Beispiel tanzen, streiten oder umarmen, kommt ein Punkt, wo der Teilnehmer plötzlich ein Kellerkind ignoriert, das Gespräch mit ihm abbricht oder einfach vergißt, es zu befragen. Dies ist der entscheidende Moment, denn nun ist sehr leicht zu erkennen, welches jenes Kellerkind ist, das das Problem beim fragenden Teilnehmer hervorruft und bei dem dann schlußendlich auch die Lösung verborgen liegt. Sehr häufig kommt es vor, daß der Teilnehmer mit einigen Kellerkindern heiß, witzig und schlagfertig diskutiert: Dies sind keine Problemkellerkinder! Die Kellerkinder, die ins Spiel integriert werden können, können keine Probleme hervorrufen, da ihre Lebendigkeit vom Bewußtsein geschätzt wird.

Der Teilnehmer, der die Frage stellt, symbolisiert also das Bewußtsein. Jenes Kellerkind, das der Teilnehmer nicht wahrhaben will, mit dem er nicht in Interaktion tritt und mit dem er auch nicht spricht, ist das Problemkellerkind. Es hält die Lösung bereit, die der Teilnehmer dann wahrnehmen kann. Hierzu ein eindrucksvolles Beispiel aus dem Bereich der Ersten Hilfe am Unfallort: Nicht jene, die jammern, schreien und lamentieren, haben ernsthafte Probleme und brauchen schnellste Hilfe, sondern jene, die verstummt sind und nicht mehr

Jenes Kellerkind, das der Teilnehmer nicht wahrhaben will, mit dem er nicht in Interaktion tritt und mit dem er auch nicht spricht, ist das Problemkellerkind. Es hält die Lösung bereit, die der Teilnehmer dann wahrnehmen kann

auf sich aufmerksam machen können. Nun verlassen wir den Unfallort allerdings schnell wieder und kehren zurück zur Kellerkinderaufstellung. Nachdem der fragende Teilnehmer also sein Problemkellerkind herausgefunden hat, spielt er im nächsten Schritt eine Szene mit seinem Problemkellerkind. Es gibt nun zwei Möglichkeiten: Einmal fordert der Trainer den fragestellenden Teilnehmer auf, sich jetzt ausschließlich auf das Problemkellerkind zu konzentrieren und die anderen Kellerkinder bleiben noch auf der Bühne mit dem Recht zu intervenieren oder zu kommentieren, wann immer es ihnen in den Sinn kommt. Oder aber der fragende Teilnehmer wird aufgefordert, die "restlichen Kellerkinder" zu entlassen. Wie man die Kellerkinder wieder von der Bühne entläßt, wird weiter unten genau erläutert.

Nachdem der fragende Teilnehmer also sein Problemkellerkind herausgefunden hat, spielt er im nächsten Schritt eine Szene mit seinem Problemkellerkind

Jetzt arbeitet der fragende Teilnehmer mit dem Problemkellerkind direkt an einer Lösung. In der direkten Konfrontation mit seinem Problemkellerkind kann die Strategie des fragenden Teilnehmers festgestellt werden, mit der er das betreffende Kellerkind bislang aus seinem Leben verdrängt hat.

In der direkten Konfrontation mit seinem Problemkellerkind kann die Strategie des Teilnehmers festgestellt werden, mit der er das betreffende Kellerkind bislang aus seinem Leben verdrängt hat

Ich möchte an dieser Stelle kurz auf den Begriff Problemkellerkind eingehen: Das Problemkellerkind ist jenes Kellerkind, das sich dem Bewußtsein entzieht, oder anders ausgedrückt, das man verdrängt, weil man Angst vor ihm hat. Wenn man ihm Zutritt ins Bewußtsein gewährt, so besteht die Möglichkeit, daß es erzogen werden kann und sich somit das Problem, das es verwaltet hat, auflöst.

Im Spiel mit dem betreffenden Kellerkind erscheint die Lösung. Die Lösung geschieht immer durch die Versöhnung mit dem Problemkellerkind.

Die Lösung geschieht immer durch die Versöhnung mit dem Problemkellerkind

Wenn dies geschehen ist, dann hat das Bewußtsein zum ersten Mal und sehr lebendig gespürt, wie es ist, "vollständig" zu sein, das heißt, alle sieben Kellerkinder integriert zu haben. Dieser neue Zustand des Einsseins wird vom Bewußtsein erfaßt und kann dann als erwünschter Dauerzustand gewollt werden. Selbstverständlich braucht dieser Prozeß Zeit, um seine gesamte Wirkung zu zeigen.

Im Folgenden sei erläutert, wie die sieben Kellerkinder zu verabschieden sind

Doch nun zurück zur Kellerkinderaufstellung auf der Bühne. Im Folgenden sei erläutert, wie die sieben Kellerkinder zu verabschieden sind. Dies geschieht entweder einfach so, etwa mit dem Satz: "Vielen Dank, daß du mitgespielt hast", oder aber in folgender strengen, ritualisierten Form: Der fragende Teilnehmer verneigt sich vor jedem Spieler mit den Worten: "Ich danke dir, daß du dich in mein Kellerkind ... (es folgt der Name des jeweiligen Kellerkindes) verwandelt hast. Ich entlasse dich nun aus meinem Keller zurück in dein Leben." Der angesprochene Spieler verneigt sich nun ebenfalls und antwortet: "Ich schreite heraus aus deinem Keller direkt zurück in mein eigenes Leben." Sodann schreitet der Spieler, der das Kellerkind dargestellt hat, zügig von der Bühne. Dies mag dem einen oder anderen vielleicht merkwürdig oder übertrieben erscheinen, aber die Erfahrung lehrte mich, daß die Spieler einen klaren Rollenwechsel vollziehen müssen, um wirklich die Energie des eben intensiv gespielten fremden Kellers loszulassen. Ansonsten bleiben sie mit der Energie des Kellerkindes, das sie gespielt haben, noch bis zum Ende der Spieleinheit behaftet und das ist nicht notwendig. Welche Form der Verabschiedung gewählt wird, sollte der Trainer nach dem Gesichtspunkt der Stimmigkeit entscheiden.

Die Erfahrung lehrte mich, daß die Spieler einen klaren Rollenwechsel vollziehen müssen, um wirklich die Energie des eben intensiv gespielten fremden Kellers loszulassen

In einem weiteren Gespräch werden nun vom Trainer Hinweise erteilt, wie der Teilnehmer das Kellerkind in den Alltag integrieren kann. Jedem ist klar: Alle Kellerkinder müssen integriert werden, sonst ist der Mensch gezwungen, enorme Kraft zu aktivieren, um "einen Teil von sich selbst vor sich selbst verborgen zu halten". Dies ist Unfug und macht aus dem Menschen ein geschwächtes, jederzeit manipulierbares Wesen.

Alle Kellerkinder müssen integriert werden, sonst ist der Mensch gezwungen, enorme Kraft zu aktivieren, um "einen Teil von sich selbst vor sich selbst verborgen zu halten"

Die sieben Kellerkinder müssen befreit und liebevoll erzogen werden. Dies leuchtet jedem sofort ein. Der Teilnehmer hat ja im Dialog mit seinem Problemkellerkind bereits seine Strategie herausgearbeitet, wie er es unterdrückt. Nun muß er nur noch lernen, diese Strategie ins Bewußtsein zu heben, um frei entscheiden zu können, ob er sie weiterhin anwenden will oder nicht.

Es leuchtet jedem ein, daß weitere Ausführungen über die Kellerkinderaufstellung zu theoretisch sind und so die Vorfreude verringern würden, selbst eine Kellerkinderaufstellung durchzuführen, sei es als Trainer oder aber als fragender Teilnehmer.

Die nun folgenden Fragen des Übungsteils geben die Möglichkeit, die eigene Erfahrung sowohl im direkten Spiel mit den Kellerkindern, als auch als Trainer einer Kellerkinderaufstellung ausführlich zu dokumentieren.

Übungsteil.

1. Ich habe eine Kellerkinderaufstellung als fragender Teilnehmer selbst erlebt.

Bitte beschreiben Sie, wie Sie eine Kellerkinderaufstellung als fragender Teilnehmer erlebt haben und welches Kellerkind sich als Ihr Problemkellerkind herausgestellt hat.

2. Nach der Kellerkinderaufstellung habe ich mich im Alltag genau beobachtet.

Bitte beschreiben Sie, was sich nach der Kellerkinderaufstellung, die Sie als fragender Teilnehmer durchgeführt haben, in Ihrem Leben verändert hat.

3. Ich integriere mein Problemkellerkind.

Bitte beschreiben Sie, wie sich Ihr Problemkellerkind im Alltag bemerkbar macht und wie es Ihnen gelungen ist, Ihr Problemkellerkind in Ihr Bewußtsein zu integrieren und es zu erziehen.

4. Ich habe als Trainer eine Kellerkinderaufstellung geleitet.

Bitte beschreiben Sie, welche Erfahrungen Sie als Trainer mit der Kellerkinderaufstellung gemacht haben.

5. Ich habe mich als Trainer während der Anleitung von Kellerkinderaufstellungen selbst beobachtet.

Bitte beschreiben Sie, ob Sie während der Anleitung einer Kellerkinderaufstellung Ihr eigenes Problemkellerkind bemerkt haben und wenn ja, wie Sie es integriert haben.

6. Ich habe als Trainer mein eigenes Problemkellerkind genutzt.

Bitte beschreiben Sie, wie Sie die Kraft Ihres Problemkellerkindes genutzt haben, um die Kellerkinderaufstellung zu leiten.

7. Ich habe alle sieben Kellerkinder integriert.

Bitte schreiben Sie die Geschichte der Integration Ihrer sieben Kellerkinder in Ihr Bewußtsein. Widmen Sie jenen Momenten größte Aufmerksamkeit, in denen Sie gescheitert sind. Diese Momente halten wichtige Schlüssel für Sie bereit.

Zweite Fotoserie.

Die folgende Fotoserie stammt aus dem Jahre 2001. Sie fand im Freiburger Galli Theater im Rahmen eines Intensivseminars "Kellerkinder Aufstellungen" statt. Die Fotos zeigen Mitglieder des Galli Theater Ensembles und Teilnehmer der Ausbildung zum/zur KellerkindertrainerIn. Das Hauptaugenmerk bei diesen Fotos lag darauf, die Gruppenenergie abzubilden, die entsteht, wenn mehrere "Kellerkinder" aufeinandertreffen und in Interaktion kommen.
Fotograf: Johannes Galli

Tranfunzel

Foto: J. Galli

Fetzer

Foto: J. Galli

Lästermaul

Foto: J. Galli

Großkotz

Foto: J. Galli

Foto: J. Galli

Flittchen

Foto: J. Galli

Geizhals

Foto: J. Galli

Binnix

Ein Fallbeispiel zur Kellerkinderaufstellung

Ein Kellerkinderspiel: „Rauchen aufgeben“.

Ort

Therapiezentrum Rio Abierto, Mexiko City, Mexiko

Veranstalter

Rio Abierto

Zeit

Oktober 2002

Titel

Die sieben Kellerkinder® als Kraftquelle

Zielgruppe

Dreißig Teilnehmer im Alter zwischen fünfundzwanzig und fünfundfünfzig Jahren. Die Gruppe war buntgemischt und bestand aus Therapeuten, Trainern, Ärzten, Schauspielern, Architekten, Anwälten. Der Workshop wurde in Englisch und Spanisch durchgeführt.

Leitung

Johannes Galli

Nach meinem Vortrag zum Thema "Die sieben Kellerkinder und ihre Süchte", den ich im Anschluß an die Tanzmeditation "Die sieben Kellerkinder" gehalten hatte, meldete sich spontan eine etwa dreißigjährige Innenarchitektin zu Wort: "Ich rauche viel und möchte dringend damit aufhören. Es tut mir nicht gut. Wie kann ich das schaffen?"

1. Phase: Erfassen des Konfliktes

Ich bat sie, auf die Bühne zu kommen, und forderte sie auf, sich eine typische Situation zu arrangieren, in der sie zur Zigarette greift.

"Im Café...", sagte sie spontan und zeigte dann auf einen jungen, athletischen, attraktiven Mann und sie fuhr fort: "... soll mich dieser Mann ansprechen."

2. Phase: Die Spielerauswahl

José, so hieß der junge Mann, erschien mit dynamischen Schritten auf der Bühne, stellte zwei

3. Phase: Das wirklichkeitsnahe Spiel

Stühle auf, einer gegenüber dem anderen, und begann sogleich das Spiel. Kaum hatten die beiden begonnen, die üblichen Floskeln einer beginnenden Bekanntschaft auszutauschen, da rückte José der Dame "auf die Pelle", das heißt, er rückte Alicia so nahe, daß die den Atem anhielt. Genau dies war der Moment, als sie die Zigarette aus der Schachtel zog. Hätte ich an dieser Stelle das Spiel nicht abgebrochen, dann hätte sie sicherlich die Zigarette angezündet.

Alicia war, wie sie versicherte, klargeworden, daß sie rauchte, um Situationen, in denen sie unsicher war, zu überspielen.

In diesem konkreten Fall konnte sie mit der plötzlichen Nähe des Mannes nicht umgehen und wollte ihn sich "vom Hals halten", ohne ihn jedoch offensichtlich zurückweisen zu wollen.

Ich bedankte mich bei José für sein mutiges Spiel und verabschiedete ihn mit dem Hinweis, daß er später nochmal mit Alicia spielen würde. Er setzte sich zurück auf seinen Platz im Publikum.

Nun schlug ich Alicia vor, eine Kellerkinderaufstellung zu machen, um zu sehen, welche ihrer Kellerkinder das Rauchen bewirken.

Sie sollte selbst ihre Kellerkinder aus dem Publikum auswählen.

Alicia wählte für Flittchen eine etwa dreißigjährige Therapeutin, Fetzer spielte ein ebenfalls etwa dreißigjähriger Rechtsanwalt, Großkotz ein vierzigjähriger Sportlehrer, Geizhals eine hagere Dame um die sechzig, Tranfunzel eine etwa fünfzigjährige Leiterin eines Therapiezentrums, Lästermaul eine etwa vierzigjährige Reporterin und Binnix eine Frau um die Mitte vierzig, die schon in der Eröffnungsrunde erzählt hatte, daß sie große Schwierigkeiten hat, sich anderen Menschen gegen-

über zu öffnen. Alle Kellerkinder Spieler stellten sich mit meiner Hilfe gemäß des Enneagramms auf der Bühne auf, das Profil den Zuschauern zugewandt und in Blickrichtung zu Alicia.
Nun bat ich die Darsteller der sieben Kellerkinder, daß sie sich durch Bewegung, Gesten und Worte, die für das Kellerkind, das sie jeweils darstellten, typisch sind, aufwärmen sollten.
Bereitwillig und mit großer Freude taten sie dies.
Sodann bat ich Alicia, ihre Frage an den eigenen vor sich aufgestellten Keller zu stellen, was sie sogleich tat.

4. Phase: Das transformierende Spiel

"Warum rauche ich?", fragte sie.
Fetzer antwortete ihr sofort, daß er rauchen sehr erotisch findet und es ihn sehr inspiriert und anregt.
Alicia ging sofort auf den Fetzer zu und während dieser sprach, war sie ihm körperlich sehr nahe. Sie hing förmlich an seinen Lippen und je mehr er zu ihr sprach und ihr so seine gesamte Aufmerksamkeit widmete, desto mehr strahlte Alicia.
Zwischendurch sagte Flittchen immer wieder zu Alicia, daß es sehr sexy wirkt, wenn eine Frau raucht, und sie spielte pantomimisch rauchen und fuhr sich immer wieder mit ihrer Zunge über die Lippen.
Großkotz ergänzte, daß Menschen, die rauchen, so wirken, als ob sie etwas zu sagen haben.
Binnix warf einmal zwischendurch schüchtern ein, daß Rauchen doch Krankheit hervorrufen würde, wurde aber sofort von den meisten anderen Kellerkindern lauthals übertönt.
Auch Lästermaul war für das Rauchen, weil es enorm anregend wirkt und, wie sie meinte, "einfach zu wichtigen Gesprächen dazugehört".
Tranfunzel und Geizhals waren beide dem Rau-

chen abgeneigt, einmal, weil es viel zu anregend und anstrengend ist, und zum anderen, weil es auf Dauer viel zu teuer ist.
Aber ebenso wie Binnix wurden auch diese beiden Kellerkinder weder von den anderen Kellerkindern noch von Alicia gehört. Sie waren einfach zu schwach, da sie zu wenig Aufmerksamkeit von Alicia bekamen.
Während dieser ganzen Zeit, in der die Kellerkinder Alicia antworteten, stand diese ganz nahe beim Fetzer, und der raunte ihr immer wieder Worte ins Ohr, über die Alicia lachen mußte.
Ich unterbrach das Spiel und das Publikum applaudierte, weil das Spiel so offensichtlich gewesen war für jene, die es sich aus einiger Distanz ansehen konnten.
Alicia blickte mich ratlos an. Ihr war natürlich in ihrem Spiel klar geworden, daß die meisten Kellerkinder das Rauchen genossen und gar nicht daran dachten, aufzuhören.
Ich erklärte Alicia, daß sie vor allem Probleme mit ihrem Fetzer hatte. Ihre Augen hatten unheimlich gestrahlt, als sie mit ihm gesprochen hatte, außerdem stand sie immer noch dicht neben dem Fetzer.
Ich meinte, daß es in diesem Stadium nicht einfach sei, so ohne weiteres das Rauchen aufzugeben, ganz einfach aus dem Grund, weil sie noch nicht wirklich mit aller Kraft das Rauchen aufgeben wollte.
Im Moment verlangte ein großer Teil ihres Kellers nach dem Rauchen und es wäre ein sinnloser Kampf, jetzt das Rauchen aufgeben zu wollen. Änderungen im eigenen Keller lassen sich nicht mit Gewalt durchsetzen.
Ich wollte das Spiel jedoch nicht ohne weiteres beenden, obwohl ich wußte, daß Alicia noch Zeit

brauchte, und bot ihr an, sich in einem weiteren Spiel mit ihrem Fetzer zu konfrontieren. Ich erklärte ihr, daß sie im Moment ihren Wunsch nach Zärtlichkeit mit der Fetzerenergie vermischte. Da sie Angst vor Zärtlichkeit hat, fordere sie andauernd ihren Fetzer auf, sie von Situationen, in denen Zärtlichkeit möglich wäre, fernzuhalten.
Rauchen verhindert Zärtlichkeit.
Obwohl Rauchen das "Kommunikationsorgan Lunge" reizt und auch den Mundraum reizt, verhindert es gleichzeitig gemeinsames verschmelzendes Atmen und macht Küssen zu einem geschmacklich umstrittenen Erlebnis.
Ich schlug ihr vor, in einer Szene einmal ihre Fetzerenergie richtig herauszulassen. Sie sollte erleben, den Fetzer am richtigen Ort einzusetzen.
Ich wählte ein extremes Beispiel, um ihr ein tiefes Erlebnis mit ihrem Fetzer zu ermöglichen. Sie sollte eine Szene aus einem Krimi spielen, in dem sie die Täterin ist und ein Opfer erschießt.
Sofort meldete sich eine ebenfalls junge, etwa dreißigjährige Frau, die gerne das Opfer spielen wollte. Sie kam auf die Bühne und das Spiel begann. Nach anfänglichem Zögern zog Alicia eine imaginäre Waffe und richtete sie auf ihr Opfer.
In einem bewegenden Monolog sprach sie sich eine ganze Menge Haß vom Herzen, den sie lange aufgestaut hatte, und dessen Hauptthema war, daß alle anderen Frauen zärtliche Männer hätten, sie aber nicht! Sodann erklärte sie ihrem Opfer, daß sie es jetzt erschießen müsse, nahm dann einen tiefen Atemzug und drückte ab.
Die Spielerin, die das Opfer spielte, legte eine tolle Show als "Sterbende Frau" hin, bis sie, noch einmal zuckend, endlich "erstarb".
Alicia warf einen letzten Blick auf ihr Opfer, drehte

sich dann um und ging.
Im Publikum war atemlose Stille.
Als jedoch das "Opfer" die Augen wieder öffnete, grinste, sich erhob und sich wieder ins Publikum setzte, da applaudierten alle spontan.
Jeder hatte bemerkt, wie Alicia sich durch ihre Aggression und Wut hindurchgespielt hatte und wie sie ihrem Fetzer großen Spielraum gegeben hatte.
Wenn alle Kriege im Spiel durchgeführt werden könnten, dann bräuchten sie nicht in Wirklichkeit geführt zu werden und viele unschuldige Opfer lebten noch.
Nach diesem atemberaubend spannenden Spiel wandten wir uns wieder den Kellerkindern zu, die immer noch auf der Bühne standen.
Nun sollte Alicia noch einmal ihre Frage stellen. Alicia tat dies und wandte sich zuerst an ihren Fetzer. Dieser meinte, daß er das Rauchen gar nicht unbedingt brauche, wenn Alicia ihm ab und zu Raum gebe, sich sportlich auszutoben.
Flittchen versuchte noch ein wenig, Alicia von der Erotik des Rauchens zu überzeugen, doch die Energie war deutlich schwächer, und da Fetzer, die vorher deutlich treibende Kraft, nun so ausgeglichen war, schwenkte Flittchen dazu über, daß sie sich eine richtig romantische Situation ohne ablenkendes Rauchen wünsche. Auch die anderen Kellerkinder, vor allem Binnix, wünschten sich eine liebevolle, romantische Situation, in der nicht geraucht, sondern zärtlich geschmust würde...

5. Phase: Die Lösung erscheint

Alicia lachte laut, um die Anspannung in sich loszuwerden, und sagte dann leise: "... das wünsche ich mir auch."
Alicia stand zufrieden vor ihrem "Keller" und blickte mich an.

Nach einer Sekunde atemloser Stille applaudierte das Publikum.
Die Kellerkinderaufstellung war beendet und Alicia verabschiedete jedes Kellerkind in einem kleinen Ritual von der Bühne.
Nun rief ich José noch einmal auf die Bühne und bat Alicia und ihn, die Szene im Café zu wiederholen.

6. Phase: Die Lösung wird wirklichkeitsnah gespielt

José tat dies und kam Alicia nach einigem Hin und Her wieder sehr nahe. Diesmal allerdings griff Alicia nicht verunsichert zur Zigarette, sondern sie blickte José ruhig und offen an und atmete gleichmäßig. José stutzte.
José blickte mich an.
Ich fragte José, was er fühle.
José antwortete: "Sie ist verändert."
Ich fragte nach: "Wie verändert?"
Ohne lange nachzudenken antwortete er: "Ich nehme sie jetzt ernst...", und nach kurzem Nachdenken fügte er hinzu, "... als Mensch."
Das Publikum applaudierte und freute sich mit Alicia, die glücklich und gelöst immer noch in ihrem Stuhl saß. Sie hatte es geschafft, eine für sie schwierige Situation souverän zu meistern.
Ich stimmte in den Applaus mit ein und meinte, das Problem sei vorerst gelöst, und empfahl ihr die regelmäßige Durchführung der Tanzmeditation "Die sieben Kellerkinder®".

7. Phase: Die Anwendung im Leben

Fünf Wochen später erhielt ich ein email, in dem Alicia mir berichtete, daß sie drei Wochen nach dem Workshop spontan mit dem Rauchen aufgehört habe. Sie habe auch begonnen, wieder mehr Sport zu treiben, um ihren Fetzer auszulasten, außerdem habe sie keine Angst mehr vor Zärtlichkeit, im Gegenteil...

Dritte Fotoserie.

Die folgende Fotoserie stammt aus dem Jahre 1989. Es war das erste Fotoshooting zu den sieben Kellerkindern, dargestellt von Teilnehmern einer Galli Ausbildungsgruppe. Dementsprechend zeugen die Fotos von der ungebrochenen Freude, die entsteht, wenn sich die Kellerkinder zum ersten Mal zeigen und spielerisch gestaltet werden.
Fotograf: Georg Nemec

Tranfunzel

Foto: Georg Nemec

Fetzer

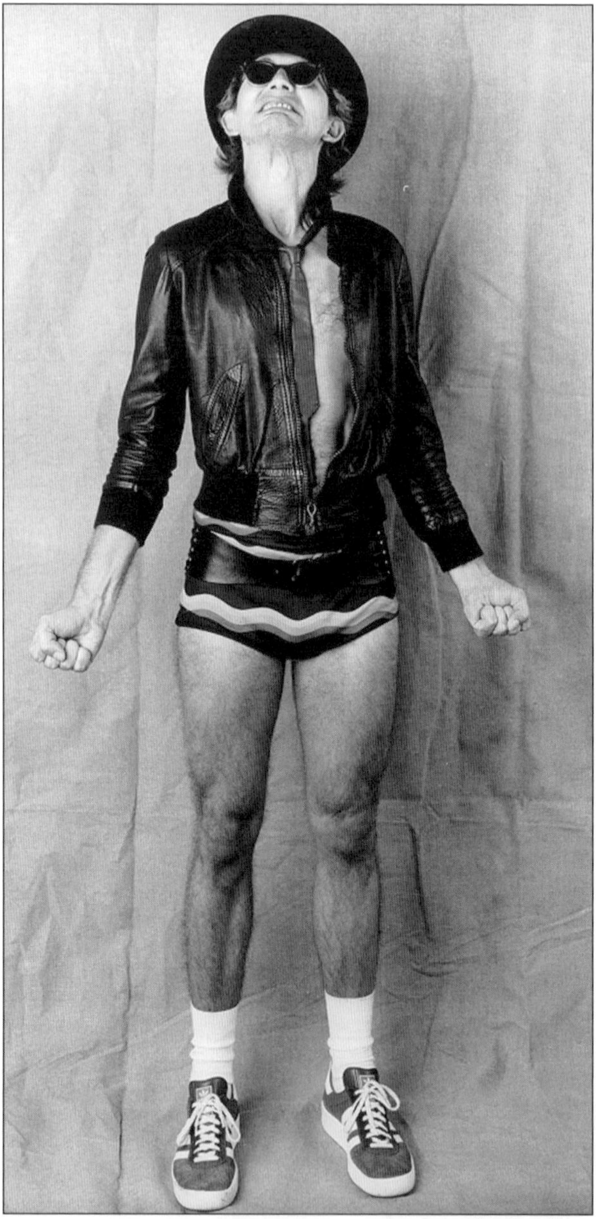

Foto: Georg Nemec

Lästermaul

Foto: Georg Nemec

Großkotz

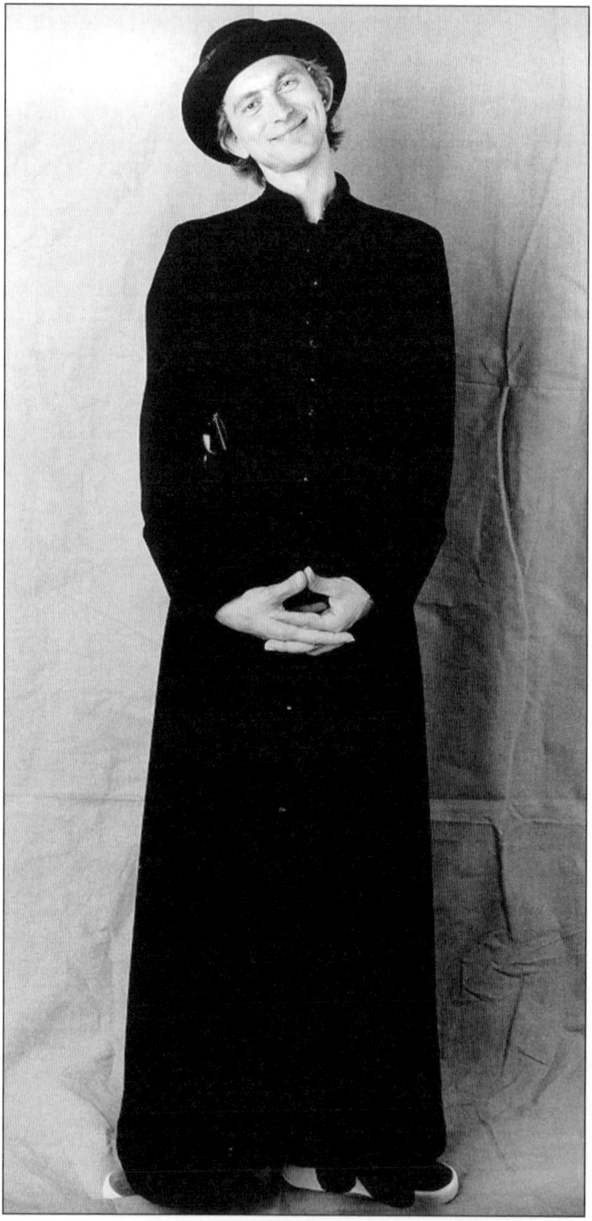

Foto: Georg Nemec

Flittchen

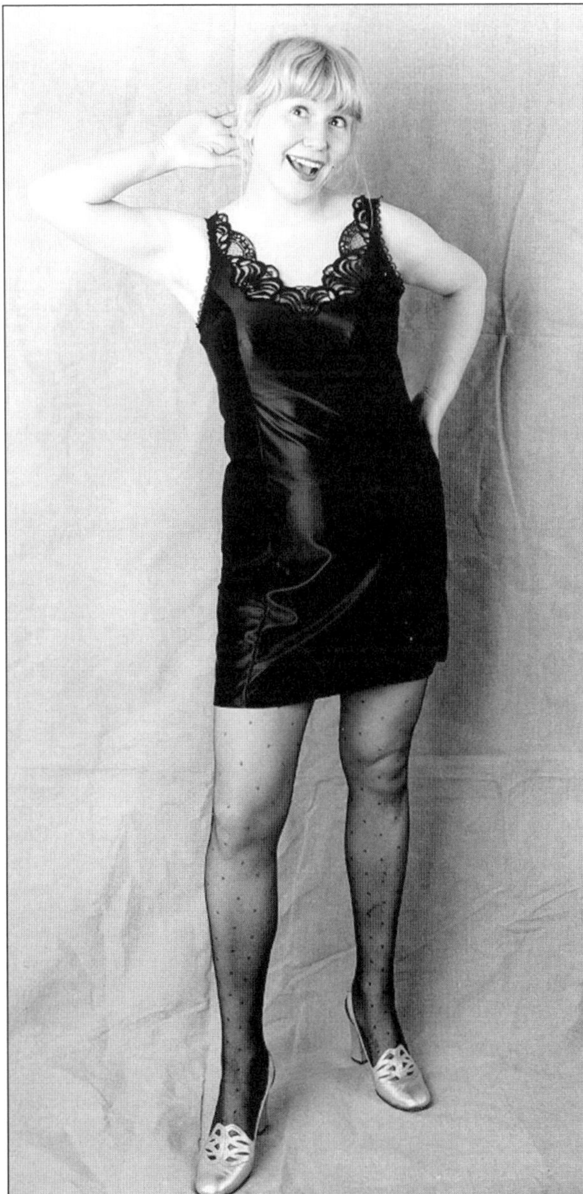

Foto: Georg Nemec

Geizhals

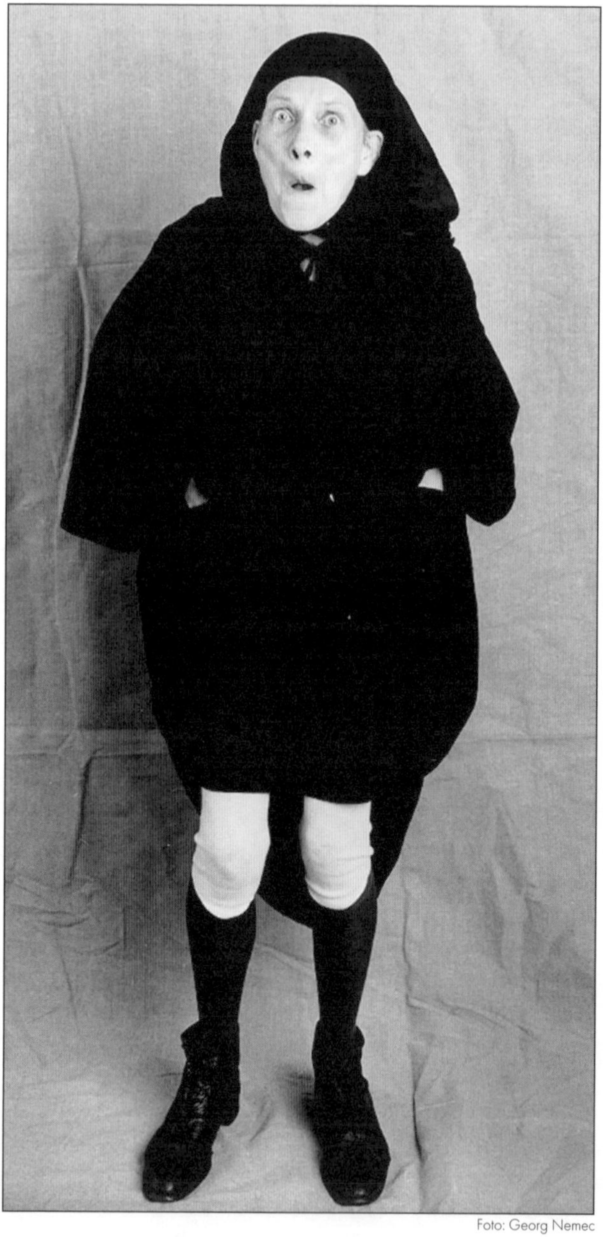

Foto: Georg Nemec

Binnix

Foto: Georg Nemec

Die Kellerkinderübung

Einleitung.

Nicht immer ist eine Musikanlage und die CD Tanzmeditation "Die sieben Kellerkinder®" zur Hand und doch wäre es sinnvoll, gerade jetzt die Zeit zu nutzen, um sich tief in den eigenen Keller zu strecken. Aus diesem Grunde habe ich die Kellerkinderübung entwickelt, die es ermöglicht, sich innerhalb eines Zeitraumes von höchstens zehn Minuten an jedem Ort, der für Körperübungen geeignet ist, seinen eigenen sieben Kellerkindern spielerisch anzunähern. Der Vorteil liegt auf der Hand: Auch an einem Ort ohne Stromzufuhr ist es möglich, sich mit entsprechenden Bewegungen an die eigenen Kellerkinder anzunähern.

Ich habe die Kellerkinderübung entwickelt, damit sich jeder innerhalb eines Zeitraumes von höchstens zehn Minuten an jedem Ort, der für Körperübungen geeignet ist, sich seinen eigenen sieben Kellerkindern spielerisch annähern kann

Die Entstehung der Kellerkinderübung ist leicht nachzuvollziehen. Im August 1997 führte ich in freier Natur in Vancouver (Kanada) einen zweiwöchigen Sommerworkshop durch. Bei der täglichen Annäherung an die Energie der sieben Kellerkinder konnte ich nicht auf die entsprechende Tanzmeditation zurückgreifen, sondern mußte spontan die Kellerkinderübung ohne musikalische Begleitung kreieren. Die unglaubliche Freude, die sich Morgen für Morgen in der Gruppe nach der Übung breitmachte, bewog mich, diese Übung aufzuschreiben und zur täglichen Anwendung zu empfehlen.

Als ich selbst auch die Übung anschließend Morgen für Morgen regelmäßig durchführte, fiel mir auf, wie energiespendend sie ist, so daß ich sie jedem dringend empfehle, der eine hohe Präsenz erreichen will. Die Kellerkinderübung gehört zu den effektivsten Körperübungen, die ich kenne.

Als ich selbst auch die Übung anschließend Morgen für Morgen regelmäßig durchführte, fiel mir auf, wie energiespendend sie ist, so daß ich sie jedem dringend empfehle, der eine hohe Präsenz erreichen will

Die Kellerkinderübung.

Bei der Kellerkinderübung sind besonders die schnellen Übergänge, die sehr präzise gespielt werden sollten, zu beachten

Wichtig ist, daß die Gruppe vor der Übung genügend Zeit erhält, sich einzustimmen, und nach der Übung genügend Zeit erhält, die intensive Erfahrung ausklingen zu lassen, um die Annäherung an die eigenen sieben Kellerkinder verdauend zu bearbeiten. Ebenso wichtig ist es selbstverständlich für den einzelnen, sich vor und nach der Übung genügend Zeit zum Einstimmen und Ausklingen zu nehmen. Bei der Kellerkinderübung sind besonders die schnellen Übergänge, die sehr präzise gespielt werden sollten, zu beachten. Ein solcher Übergang dauert genau so lange, wie man braucht, um einmal konzentriert aus- und einzuatmen. Man atmet also das eben erlebte Kellerkind aus, dann hält man am tiefsten Punkt des Ausatmens inne und schaltet mittels der Vorstellungskraft auf das nächste Kellerkind um, sodann wird die Energie des nächsten Kellerkindes eingeatmet und der neue Übungsabschnitt kann beginnen. Jeder Übungsabschnitt der Kellerkinderübung sollte als Einzelübung zwischen ein und zwei Minuten dauern, als Gruppenübung zwischen zwei und drei Minuten. Der beste Zeitpunkt, die Kellerkinderübung als Einzelübung durchzuführen, ist morgens vor dem Frühstück.

Wenn wir die Kellerkinderübung durchführen, so achten wir darauf, daß wir sehr schnell zu einer tiefen Darstellung des entsprechenden Kellerkindes gelangen

Im Folgenden wird die Kellerkinderübung mit ihren einzelnen Übungsabschnitten dargestellt. Hierbei wurde darauf geachtet, daß es deutlich wird, was als Einzelübungsanleitung zu verstehen ist und was als Gruppenanleitung.

Wenn wir die Kellerkinderübung durchführen, so achten wir darauf, daß wir sehr schnell zu einer tiefen Darstellung des entsprechenden Kellerkindes gelangen.

1. Tranfunzel

Wir lassen uns langsam auf den Boden gleiten und dösen dann am Boden kauernd drei Atemzüge lang vor uns hin. Wir versuchen, so tief wie möglich in den Zustand des Halbschlafes abzutauchen und genau jenen Zustand zu kopieren, in dem wir uns normalerweise befinden, wenn wir einschlafen.

Wir versuchen, so tief wie möglich in den Zustand des Halbschlafes abzutauchen

Wenn wir uns in einer Gruppe befinden, so ist es möglich, sich aneinander anzulehnen, um eine sehr vertraute Form der Gemütlichkeit voll auszuschöpfen. Dann recken und strecken wir uns und gähnen laut und befreiend dreimal.

Auf dem Höhepunkt unserer Kraftentfaltung stoppen wir, atmen die Tranfunzel aus, halten inne und atmen dann den Fetzer ein.

2. Fetzer

Schwunghaft erheben wir uns nun und führen in alle vier Himmelsrichtungen, in die wir uns nach und nach drehen, Tritte und Schläge aus. Wir atmen heftig und begleiten unsere Aktionen mit Schreien, die sowohl den imaginären Gegner erschrecken sollen, als auch unserer inneren Spannung, die wir aufgebaut haben, Erleichterung verschaffen sollen.

Wir führen in alle vier Himmelsrichtungen, in die wir uns nach und nach drehen, Tritte und Schläge aus

Wenn dies als Gruppenübung durchgeführt wird, stellen sich alle in einem Kreis auf mit dem Rücken zum Zentrum und verzichten auf das Drehen jedes einzelnen in alle vier Himmelsrichtungen. Die Schläge, Tritte und Stöße kombiniert mit wilden Schreien werden vom Kreiszentrum aus gesehen nach außen hin durchgeführt. Keiner sieht den anderen, keiner berührt den anderen.

Auf dem Höhepunkt unserer Kraftentfaltung stoppen wir, atmen den Fetzer aus, halten inne und atmen dann das Lästermaul ein.

Wie ein Hampelmann hüpfen wir nun herum, wir lassen dabei alles hängen und schwingen. Dabei produzieren wir die ganze Zeit über verschiedene Geräusche

3. Das Lästermaul

Wie ein Hampelmann hüpfen wir nun herum, wir lassen dabei alles hängen und schwingen. Wir vollführen mit unserem Körper die tollkühnsten Bewegungen. Dabei produzieren wir die ganze Zeit über verschiedene Geräusche. Wir gurgeln, schnalzen, greinen, jaulen, prusten, zischen, stöhnen, schreien, ächzen, lachen, brabbeln, je nachdem, wie uns zumute ist. Wichtig ist hierbei, daß wir uns selbst zuhören und staunen, wie viele verschiedene Geräusche wir produzieren können. Dabei drehen wir uns wiederum langsam im Uhrzeigersinn im Kreis, bis wir wieder am Ausgangspunkt angelangt sind.
Wird die Übung als Gruppenübung durchgeführt, dann versuchen wir uns mit den anderen über Laute und die Äußerung der verschiedensten Töne und Bewegungen zu verständigen.
Auf dem Höhepunkt unserer Kraftentfaltung stoppen wir, atmen das Lästermaul aus, halten inne und atmen dann den Großkotz ein.

Wir reißen die Arme nach oben wie ein Athlet in vollbesetzter Arena und jubeln dem begeisterten Volk zu, das uns in unserer Vorstellung wie wild beklatscht

4. Großkotz

Wir reißen die Arme nach oben wie ein Athlet in vollbesetzter Arena und jubeln dem begeisterten Publikum zu, das uns in unserer Vorstellung wie wild beklatscht. Wir drehen uns immer noch jubelnd und die Arme immer noch nach oben gestreckt in alle vier Himmelsrichtungen und drehen uns dabei im Uhrzeigersinn. Wir hören in unserer Vorstellung das rhythmische Klatschen und erleben einen Schauder, wenn sich all die Tausende ergriffen von ihren Plätzen erheben.
Auf dem Höhepunkt unserer Kraftentfaltung stoppen wir, atmen den Großkotz aus, halten inne und atmen dann das Flittchen ein.

5. Flittchen

Wir stellen uns vor, der Herr oder die Dame unserer Begierde stünde in der Mitte unseres kleinen Übungsplatzes. Wir tänzeln nun um diese in unserer Vorstellung ausgesprochen begehrenswerte Person herum, nehmen hierbei sehr lockende Positionen ein und sparen nicht an erotischen Bewegungsabläufen. Dabei sind unsere Phantasie und unser Mut gefragt. Der Vorteil der Gruppenübung liegt auf der Hand, denn hier gibt es reale Menschen, um die man verführerisch herumtänzeln und herumschlawenzeln kann. Aber auch die Einzelübung bietet einen großen Vorteil. Hier können wir einmal ganz befreit von kontrollierenden Blicken die "Sau rauslassen" und zeigen, was an Verführungskunst in uns steckt.

Auf dem Höhepunkt unserer Kraftentfaltung stoppen wir, atmen das Flittchen aus, halten inne und atmen dann den Geizhals ein.

Wir tänzeln nun um diese in unserer Vorstellung ausgesprochen begehrenswerte Person herum, nehmen hierbei sehr lockende Positionen ein und sparen nicht an erotischen Bewegungsabläufen

6. Geizhals

Wir versuchen uns nun ganz klein zu machen, uns ganz zu verschränken, so als falteten wir uns ganz zusammen. Wie ein verschnürtes Paket liegen wir auf dem Boden, entweder seitlich mit angezogenen Knien, die wir fest mit den Armen umschlingen, oder wir knien und legen die Stirn auf den Boden und strecken die Arme am Boden entlang nach hinten. Dann verkrampfen wir uns ganz bewußt: Wir knien aufrecht und mit beiden Händen zerknüllen wir auf Herzhöhe unser Hemd oder unsere Bluse, so als wollten wir unser Herz krampfhaft vor den Schmerzen des Lebens schützen.

Auf dem Höhepunkt unserer Kraftentfaltung stoppen wir, atmen den Geizhals aus, halten inne und atmen dann den Binnix ein.

Wir versuchen uns nun ganz klein zu machen, uns ganz zu verschränken, so als falteten wir uns ganz zusammen

Wir springen nun ganz befreit und impulsiv herum und tanzen einmal im Kreis gegen den Uhrzeigersinn einen verrückten clownesken Tanz

7. Binnix

Wir springen nun ganz befreit und impulsiv herum und tanzen einmal im Kreis gegen den Uhrzeigersinn einen verrückten clownesken Tanz. Sobald wir zur Ausgangsposition zurückgekehrt sind, lachen wir aus vollem Halse. Wir lachen, was das Zeug hält. Wir lachen über uns selbst, denn wir finden unser ständiges Mühen, dem Leben hinterherzulaufen, ausgesprochen komisch. Wir lachen so, daß es uns am ganzen Körper schüttelt. Vor lauter Freude hauen wir uns sogar auf die Schenkel. Auch wenn uns aus irgendeinem Grunde vielleicht nicht zum Lachen zumute ist, so tun wir so, als ob wir lachen müßten, und hoffen, daß unser Gemüt sich mitreißen läßt.
Auf dem Höhepunkt unserer Kraftentfaltung stoppen wir, atmen den Clown aus und nehmen zum Entspannen eine bequeme Haltung im Liegen oder Sitzen ein.

Einige tiefe Atemzüge lang lassen wir im Geiste noch einmal alles an uns vorüberziehen, dann atmen wir tief aus, verabschieden uns hierbei von den sieben Kellerkindern und mit dem Einatmen erheben wir uns und schreiten gestärkt in den Tag. Sollten uns Gefühle, innere Bilder oder Ideen während der Kellerkinderübung in den Sinn gekommen sein, dann beantworten wir die Fragen des Übungsteils.

Übungsteil.

1. Ich habe die Kellerkinderübung selbst durchgeführt.

Bitte beschreiben Sie, wie Sie die Kellerkinderübung erlebt haben. Welches war Ihr Problemkellerkind?

2. Ich habe mich in der Energie des Kellerkindes "Tranfunzel" erlebt.

Bitte beschreiben Sie, welche Gefühle, inneren Bilder und Ideen Ihnen während des Übungsabschnittes zum Kellerkind "Tranfunzel" in den Sinn kamen.

3. Ich habe mich in der Energie des Kellerkindes "Fetzer" erlebt.

Bitte beschreiben Sie, welche Gefühle, inneren Bilder und Ideen Ihnen während des Übungsabschnittes zum Kellerkind "Fetzer" in den Sinn kamen.

4. Ich habe mich in der Energie des Kellerkindes "Lästermaul" erlebt.

Bitte beschreiben Sie, welche Gefühle, inneren Bilder und Ideen Ihnen während des Übungsabschnittes zum Kellerkind "Lästermaul" in den Sinn kamen.

5. Ich habe mich in der Energie des Kellerkindes "Großkotz" erlebt.

Bitte beschreiben Sie, welche Gefühle, inneren Bilder und Ideen Ihnen während des Übungsabschnittes zum Kellerkind "Großkotz" in den Sinn kamen.

6. Ich habe mich in der Energie des Kellerkindes "Flittchen" erlebt.

Bitte beschreiben Sie, welche Gefühle, inneren Bilder und Ideen Ihnen während des Übungsabschnittes zum Kellerkind "Flittchen" in den Sinn kamen.

7. Ich habe mich in der Energie des Kellerkindes "Geizhals" erlebt.

Bitte beschreiben Sie, welche Gefühle, inneren Bilder und Ideen Ihnen während des Übungsabschnittes zum Kellerkind "Geizhals" in den Sinn kamen.

8. Ich habe mich in der Energie des Kellerkindes "Binnix" erlebt.

Bitte beschreiben Sie, welche Gefühle, inneren Bilder und Ideen Ihnen während des Übungsabschnittes zum Kellerkind "Binnix" in den Sinn kamen.

9. Ich habe die Kellerkinderübung über einen längeren Zeitraum hinweg regelmäßig durchgeführt.

Bitte beschreiben Sie, ob und wie sich Ihr gesamtes Befinden, Ihre Ausdrucksfähigkeit und Ihre Kommunikationsfähigkeit verändert haben, während der Phase, in der Sie regelmäßig die Kellerkinderübung durchgeführt haben.

10. Ich habe die regelmäßige Durchführung der Kellerkinderübung abgebrochen.

Bitte beschreiben Sie, nach welcher Zeit Sie die Kellerkinderübung abgebrochen haben und welches Kellerkind dafür verantwortlich war.

Zeichnungsserie.

Die folgende Serie von Zeichnungen stammt von dem Künstler Jan Julius Galli. Intuitiv hat er die Energie des jeweiligen Kellerkindes getroffen und diese lustige Zeichnungsserie angefertigt. Die Zeichnungen mögen anregen, die eigene Kreativität zu entfalten und selbst einmal zu Mal- und Zeichenfarben zu greifen, um die Energie der eigenen sieben Kellerkinder darzustellen. Eine Anleitung, wie man solche Selbstbildnisse darstellen kann, findet sich in GAME, Kapitel 2.2.1 Tanzmeditationen, und in den drei Bänden "Tanzmeditationen" der Buchreihe Galli Script.

Tranfunzel

von: Jan Julius Gal

Fetzer

von: Jan Julius Galli

Lästermaul

von: Jan Julius G

Grosskotz

von: Jan Julius Galli

Flittchen

von: Jan Julius Gal

Geizhals

von: Jan Julius Galli

Binnix

von: Jan Julius Gal

Eine Auswahl
aus dem
Angebot des
Galli Verlags

Johannes Galli

Die Buchreihe Galli Script

Die Essenz der Galli Methode®

Die wichtigsten Kapitel aus dem Gesamtwerk von Johannes Galli GAME - Die Galli Methode® werden in der Buchreihe Galli Script veröffentlicht. Dies sind Lehrbücher, die neben spannenden Texten Übungsabschnitte enthalten, um das Gelesene zu vertiefen, erfahrbar zu machen und es somit im täglichen Berufs- und Privatleben anwenden zu können. Wer sich intensiv mit den Texten und Übungen beschäftigt, der wird schon bald folgende Fortschritte bemerken:

- Steigerung der Beobachtungs- und Wahrnehmungsfähigkeit
- Erhöhung der körperlichen und geistigen Dynamik
- Verbesserung der Kommunikationsfähigkeit
- Erhöhung von Präsenz und Präsentationskraft
- Steigerung der zwischenmenschlichen Beziehungsfähigkeit
- Erhöhung der Konzentrations-, Organisations- und Visionsfähigkeit
- Steigerung der Lebensfreude

Die Buchtitel sind:

Die Galli Methode® als Konfliktlösung
1. Auflage 2002, 144 Seiten, ISBN 978-3-934861-50-3

Die Kunst, sich selbst zu präsentieren
1. Auflage 2004, 116 Seiten, ISBN 978-3-934861-63-3

Körpersprache und Kommunikation
3. Auflage 2002, 96 Seiten, ISBN 978-3-926032-83-6

Interkulturelle Kommunikation und Körpersprache
1. Auflage 2001, 96 Seiten, ISBN 978-3-934861-31-2

Der Clown als Heiler
2. Auflage 2009, 80 Seiten, ISBN 978-3-926032-65-2

Die sieben Kellerkinder® - Erster Band
Die Entdeckung der Kraftquelle
4. Auflage 2008, 112 Seiten, ISBN 978-3-926032-80-5

Die sieben Kellerkinder® - Zweiter Band
Spiegel der eigenen Kreativität
1. Auflage 2003, 112 Seiten, ISBN 978-3-934861-52-7

Märchen und Mythen - Sprache der Gefühle
1. Auflage 2002, 184 Seiten, ISBN 978-3-934861-55-8

Selbst bewußt sein - Das Buch der Übungen
2. Auflage 2009, 168 Seiten, ISBN 978-3-926032-51-0

Dynamisches Erzählen
1. Auflage 1999, 72 Seiten, ISBN 978-3-926032-50-8

Kommunikationstheater
1. Auflage 2000, 144 Seiten, ISBN 978-3-926032-92-8

**Tanzmeditationen Band I:
Bewegung • Schmetterling • Eigener Tanz**
1. Auflage 2000, ISBN 978-3-926032-55-3

**Tanzmeditationen Band II:
Mythos Mensch • Tiere**
1. Auflage 2000, ISBN 978-3-926032-12-6

**Tanzmeditationen Band III:
Sieben Kellerkinder® • Clown**
1. Auflage 2000, ISBN 978-3-926032-91-1

Zum Lernen auf die Bühne
1. Auflage 2009, 126 Seiten, ISBN 978-3-940722-17-1

Galli Verlag

Adelheidstr. 21
65185 Wiesbaden
Tel. +49(0)611 - 341 8999
Fax. +49(0)322 - 1122 680 128
eMail: verlag@galli.de

Online Bestellungen:
www.galliverlag.de

Galli